PROVA DI ASCOLTO

LIVELLO AVANZATO

SIMONETTA PERITORE
MARIA ANGELA RAPACCIUOLO

edizioni La Certosa

© Copyright **Certosa S.A.** 1997

EDIZIONI LA CERTOSA Solomou 34 - 10682 Atene - Grecia,
tel./fax 01 - 3813986, 3821691, 3847592
p.zza Baldinucci, 8/R 50129 Firenze - Italia

I.S.B.N. 960-7494-12-1

I edizione: Settembre 1997

Curatrice dell' edizione: *M. A. Rapacciuolo*

Responsabile redazione: *Manu Labrini*

Copertina - progetto grafico: *Nikos Gravaris - Marianna Poga*

L'editore è a disposizione degli aventi diritto con i quali non è stato possibile comunicare, nonchè per eventuali omissioni o inesattezze nella citazione delle fonti.

PREFAZIONE

Questo libro, ad integrazione del volume Certificazioni - Preparazione alla prova scritta - Livello Avanzato, mira ad aiutare lo studente ad affrontare la prova di ascolto degli esami di Certificazione delle varie università italiane o di altri tipi di diplomi di lingua italiana, una delle prove a cui lo studente arriva solitamente più impreparato date le maggiori difficoltà pratiche che si incontrano nell'esercitare tale abilità.

Prova di Ascolto - Livello Avanzato
(articolato in due parti, Avanzato 1 e Avanzato 2) comprende:
1 - Libro delle esercitazioni corredato da due audiocassette
2 - Libro con la trascrizione dei testi e le chiavi

Le esercitazioni del livello avanzato consistono in prove di scelta multipla, di completamento e di individuazione di informazioni presenti nel testo, per un totale di 50 prove su 40 testi. Ad ogni testo corrisponde un'unica esercitazione dato che scopo del libro non è quello di fissare determinate strutture, ma di verificare appunto l'abilità della comprensione di brani orali da parte dello studente. In alcuni casi, quando l'abbiamo ritenuto opportuno, l'esercitazione di base è accompagnata da una di rinforzo, che è sempre costituita da un esercizio di completamento. La scelta dei testi è varia e completa e include prevalentemente brani di interesse sociale, arte, fatti di cronaca, interviste, manifestazioni folcloristiche, testi sull'ambiente, di scienza, economia ed altro.
La maggior parte dei testi sono stati registrati da speaker professionisti, parlanti nativi, in studi specializzati, alternati ad altri registrati direttamente dalla televisione.
Il modo in cui il libro è stato strutturato (Esercitazioni - Autovalutazione - Trascrizione dei Testi - Chiavi - Audiocassetta) ne permette l'uso anche a quegli studenti che non sono indirizzati verso un particolare diploma di lingua italiana, ma mirano semplicemente a sviluppare la loro abilità di ascolto.

Le autrici

SIMONETTA PERITORE
Laureata in Lettere presso l'Università "La Sapienza" di Roma.
Ha una lunga esperienza di insegnamento presso i corsi di lingua e cultura dell'Istituto Italiano di Cultura di Atene.
Ha curato l'elaborazione di materiale didattico e l'adattamento dei corsi televisivi di lingua italiana «Rosso e Blu», «Avanti, avanti», «In italiano» e «Viva l'italiano» per i programmi educativi della televisione greca.

MARIA ANGELA RAPACCIUOLO
Laureata in Lingue e Letterature Straniere presso l'Università degli Studi di Pisa. Ha una lunga esperienza di insegnamento presso i corsi di lingua e cultura dell'Istituto Italiano di Cultura di Atene.
Attualmente insegna la lingua italiana presso l'Università del Politecnico di Atene.
Per la casa editrice La Certosa ha curato, tra le altre, le seguenti pubblicazioni:
Articoli scelti da Italia & Italia (1994) e *Per Parlare (A.Zoboli - 1997)*.

Opere delle stesse autrici per le Edizioni La Certosa:
- *Certificazioni - Livello Medio (1995)* - coautrice A. Zoboli
- *Certificazioni - Livello Avanzato (1995)* - coautrice A. Zoboli

VOCI DEGLI ATTORI:

- CACCIALI ROBERTO
- FERRARI ALBERTO
- GIOVANNETTI FRANCESCA
- VARLAMU MARGHERITA

DIREZIONE MONTAGGIO: M.A. RAPACCIUOLO

LIVELLO AVANZATO 1

GLI ZINGARI (Durata 1'50")

AVANZATO 1

Ascoltare una volta il testo. Leggere attentamente la prova proposta. Ascoltare di nuovo il testo e indicare con una X solo le informazioni presenti nel testo.

1. Gli zingari non hanno una dimora fissa ❏
2. Gli zingari sono stati respinti dall'Europa ❏
3. La loro lingua è simile alle lingue parlate in India ❏
4. I francesi credevano che provenissero dalla Boemia ❏
5. Nella loro lingua la parola "rom" deriva dal latino ❏
6. Gli zingari sono numerosi nel sud della Spagna ❏
7. Gli zingari hanno un ricco ordinamento giuridico ❏
8. I loro abiti sono multicolori ❏
9. Gli zingari preferiscono le attività legate al commercio ❏
10. Spesso gli zingari sono stati oggetto di persecuzioni ❏

▶ VERIFICA
Riascoltare un'ultima volta il testo e correggere gli eventuali errori.

▶ VALUTAZIONE .... / 10

PROVA DI ASCOLTO

IL CLIMA ITALIANO (Durata 1'26")

> *Ascoltare una volta il testo. Leggere attentamente la prova proposta. Ascoltare di nuovo il testo e indicare con una X la soluzione corretta tra le quattro presentate.*

1 - **Sulle zone costiere:**
   a. gli inverni sono rigidi
   b. le estati sono afose
   c. d'inverno il clima è mutevole
   d. d'estate fa meno caldo

2 - **Le zone interne con un clima migliore:**
   a. sono quelle vicine ai laghi
   b. sono Portofino, Capri e Taormina
   c. sono le riviere
   d. sono quelle turistiche

3 - **Nelle zone montuose:**
   a. c'è la neve tutto l'anno
   b. per tutto l'inverno la temperatura è sotto zero
   c. c'è una fitta coltre di nebbia
   d. il clima è rigido

4 - **In molte zone d'Italia in passato:**
   a. non era possibile la coltivazione
   b. c'era molta umidità
   c. c'era un'aria salubre
   d. c'era un bel giardino

▶ **VERIFICA**
Riascoltare un'ultima volta il testo e correggere gli eventuali errori.

▶ **VALUTAZIONE** .... / 4

I COGNOMI ITALIANI (Durata 1'52')

AVANZATO 1

Ascoltare una volta il testo. Leggere attentamente la prova proposta. Ascoltare di nuovo il testo e indicare con una X solo le informazioni presenti nel testo.

1. I notai registravano anche il luogo di residenza ❑
2. Il cognome di famiglia si dava solo agli uomini ❑
3. Nel XII secolo il notaio era molto richiesto ❑
4. Ai contadini non serviva il cognome ❑
5. I contadini si distinguevano col nome del loro signore ❑
6. Nel sud i cognomi sono nati nel Medioevo ❑
7. Molti cognomi del sud si riferiscono alle città ❑
8. L'anagrafe è nata in epoca romana ❑
9. In epoca romana veniva registrata anche la città di provenienza ❑
10. Il *cognomen* era allora un soprannome ❑

VERIFICA
Riascoltare un'ultima volta il testo e correggere gli eventuali errori.

VALUTAZIONE .... / 10

PROVA DI ASCOLTO

I TARTUFI (Durata 2')

Ascoltare una volta il testo. Leggere attentamente la prova proposta. Ascoltare di nuovo il testo e indicare con una X la soluzione corretta tra le quattro presentate.

1 - **Alba è il nome:**
   a. del tartufo bianco
   b. di una cittadina delle Langhe
   c. della Fiera del tartufo
   d. di un famoso risotto delle Langhe

2 - **La qualità di questi tartufi dipende:**
   a. dall'abbondanza delle piogge estive
   b. dalle abbondanti precipitazioni invernali
   c. dal suolo molto fertile
   d. dal tipo di vegetazione

3 - **Nelle Langhe ogni weekend è possibile:**
   a. esaminare i tartufi
   b. raccogliere i tartufi
   c. acquistare i tartufi
   d. assaggiare i tartufi

4 - **Il tartufo più pregiato è quello:**
   a. a sfera
   b. di tiglio
   c. più scuro
   d. più profumato

I TARTUFI (Durata 2')

AVANZATO 1

5 - **Per conservarli metterli in vasetti ermetici con:**
   a. della carta unta di burro
   b. dell'acqua
   c. della carta umida
   d. del riso

6 - **Il piatto più costoso è il tartufo:**
   a. nei primi piatti
   b. nei secondi piatti
   c. in insalata
   d. grattato

▶ VERIFICA
Riascoltare un'ultima volta il testo e correggere gli eventuali errori.

▶ **VALUTAZIONE** .... / 6

PROVA DI ASCOLTO

AVANZATO 1

GLI ITALIANI A TAVOLA (Durata 1'25")

Ascoltare una volta il testo. Leggere attentamente la prova proposta. Ascoltare di nuovo il testo e indicare con una X la soluzione corretta tra le quattro presentate.

PROVA DI ASCOLTO

1 - **Gli italiani:**
   a. hanno cambiato abitudini alimentari con l'unificazione italiana
   b. mangiavano meglio nel secolo scorso
   c. mangiano di più attualmente
   d. hanno cambiato di poco le loro abitudini alimentari rispetto al secolo scorso

2 - **Nell'800:**
   a. gli italiani avevano un'alimentazione prevalentemente vegetariana
   b. utilizzavano solo le parti più nutritive delle farine di cereali
   c. gli italiani aggiungevano al pane cipolla e pomodori
   d. l'alimentazione era costituita prevalentemente di farine di cereali

3 - **La pellagra:**
   a. è una malattia della pelle
   b. era causata dall'eccessiva ingerenza di vitamine
   c. è una malattia mentale
   d. era dovuta al tipo di alimentazione

4 - **I consumi alimentari nel nostro secolo sono aumentati:**
   a. in modo equilibrato
   b. in modo eccezionale
   c. in modo maggiore al Nord
   d. in Meridione

▶ **VERIFICA**
Riascoltare un'ultima volta il testo e correggere gli eventuali errori.

▶ **VALUTAZIONE** .... / 4

L'INTERROGATORIO (Durata 1'37")

Ascoltare una volta il testo. Leggere attentamente la prova proposta. Ascoltare di nuovo il testo e indicare con una X la soluzione corretta tra le quattro presentate.

1 - **Il fatto di cui si parla riguarda:**
   a. un dramma passionale
   b. una lite familiare
   c. un suicidio
   d. un omicidio

2 - **La vittima è:**
   a. un personaggio illustre
   b. un prete
   c. il padre dell'interrogato
   d. uno sconosciuto

3 - **Il ragazzo:**
   a. ha visto il padre sabato sera
   b. non sente il padre da mesi
   c. ha sentito il padre di recente
   d. ha parlato con il padre pochi minuti prima

4 - **Il ragazzo non ha accompagnato il padre perché:**
   a. aveva molto lavoro
   b. doveva studiare
   c. non ne aveva voglia
   d. il padre non voleva

Avanzato 1

L'INTERROGATORIO (Durata 1'37")

5 - **Le proprietà:**
   a. sono completamente abbandonate
   b. sono amministrate da un prete
   c. non sono in condizioni disastrose
   d. sono in fase di restauro

Riascoltare ancora una volta il testo e completare con le parole mancanti (*usare al massimo quattro parole*).

1 - sulle ragioni per cui ....
2 - lettere che gli erano care, lettere ....
3 - dovevo preparare un esame e così ....
4 - mi disse solo che aveva ....
5 - ogni tanto scriveva ...., a un prete credo
6 - No, ..., più che altro dava informazioni
7 - E il prete rispondeva alle lettere ....?
8 - aveva le chiavi della casa di città e ....?

▶ VERIFICA
Riascoltare un'ultima volta il testo e correggere gli eventuali errori.

▶ **VALUTAZIONE** .... / 13

LE ARMATURE (Durata 1'30")

7 AVANZATO

Ascoltare una volta il testo. Leggere attentamente la prova proposta. Ascoltare di nuovo il testo e completare con le parole mancanti (usare al massimo quattro parole).

1 - perché non lasciava passare un ....
2 - durante tutto il Rinascimento ebbe un grande ....
3 - ogni soldato ne aveva una pagata ....
4 - la teneva sotto la crusca perché non ....
5 - doveva inventare delle scuse per giustificarne ....
6 - gli armaioli più in gamba ....
7 - erano famosi in Italia e nel ....
8 - una loro armatura era anche garanzia ....
9 - nel Quattrocento l'armatura fu anche ....
10 - con lunghe punte, come le scarpe ....

PROVA DI ASCOLTO

▶ VERIFICA

Riascoltare un'ultima volta il testo e correggere gli eventuali errori.

▶ VALUTAZIONE .... / 10

AVANZATO 1

ELSA MORANTE (Durata 2'05")

Ascoltare una volta il testo. Leggere attentamente la prova proposta. Ascoltare di nuovo il testo e completare con le parole mancanti (usare al massimo quattro parole).

1 - da padre siciliano che .... nella capitale

2 - la famiglia frequentava soprattutto ....

3 - che poi espresse in tutte le sue ....

4 - Elsa Morante era sostanzialmente ....

5 - a prendere confidenza ....

6 - ha realizzato i suoi primi guadagni ....

7 - era straordinario che per quelle storie le ....

8 - fu ospitata dalla madrina quando aveva ....

9 - la conoscenza di un mondo nobile ....

10 - ma poi per .... abbandonò gli studi

▸ VERIFICA

Riascoltare un'ultima volta il testo e correggere gli eventuali errori.

▸ **VALUTAZIONE** .... / 10

L'AUTOMOBILE (Durata 2'13")

Ascoltare una volta il testo. Leggere attentamente la prova proposta. Ascoltare di nuovo il testo e indicare con una X la soluzione corretta tra le quattro presentate.

1 - **All'inizio del XX secolo l'interesse per le carrozze:**
   a. era ancora molto vivo
   b. era pari a quello dell'automobile
   c. diminuì in favore dell'automobile
   d. non si era ancora manifestato

2 - **Nei primi anni del secolo guidare:**
   a. era più facile perché le auto erano poche
   b. era difficoltoso per una serie di condizioni sfavorevoli
   c. era difficile per via di una cattiva segnaletica
   d. non era facile perché i motori erano difettosi

3 - **Con il passare degli anni:**
   a. i ricchi compravano macchine lussuose per distinguersi
   b. le auto costose cominciarono a scomparire
   c. il problema dei costi aumentò
   d. le macchine economiche erano un sogno lontano

4 - **I ricchi in macchina usavano i copricapo di pelliccia:**
   a. perché andava di moda
   b. per protezione in caso di incidente
   c. per meglio ripararsi dal freddo
   d. per ostentare la loro ricchezza

L'AUTOMOBILE (Durata 2'13")

5 - Gli articoli da corredo per l'automobile:
    a. servivano soprattutto agli autisti
    b. non erano molto richiesti
    c. si vendevano soprattutto ai cani
    d. si vendevano molto bene

Riascoltare ancora una volta il testo e completare con le parole mancanti *(usare al massimo quattro parole).*

1 - le auto crescevano qualitativamente ....
2 - le prime auto erano difficili soprattutto ....
3 - un viaggio in auto terminava ....
4 - .... e subito dopo la prima guerra mondiale
5 - e la mano d'opera ....
6 - Ma possedere un'automobile ....
7 - strumenti indispensabili per chi usava vetture ....
8 - fosse solo un'ostentazione o un ....

▶ VERIFICA
Riascoltare un'ultima volta il testo e correggere gli eventuali errori.

▶ **VALUTAZIONE** .... / 13

IL PASTORE BELGA (Durata 1'55")

10 AVANZATO 1

Ascoltare una volta il testo. Leggere attentamente la prova proposta. Ascoltare di nuovo il testo e indicare con una X solo le informazioni presenti nel testo.

1. In tutta Europa i cani pastori si erano imbastarditi ❑
2. La razza fu suddivisa secondo le varietà del pelo ❑
3. Alla fine del 1800 si stabilì anche il colore del pelo ❑
4. Il Laekenois è a pelo scuro ❑
5. L'altezza è comune a tutte le varietà ❑
6. Abbiamo varietà con orecchie lunghe o corte ❑
7. Il Groenendael è il tipo più conosciuto ❑
8. Groenendael è vicino a Bruxelles ❑
9. Il Groenendael è per eccellenza guardiano di greggi ❑
10. Questo cane non gradisce i malintenzionati ❑

▶ VERIFICA

Riascoltare un'ultima volta il testo e correggere gli eventuali errori.

▶ VALUTAZIONE .... / 10

PROVA DI ASCOLTO

AVANZATO 1

CARBONIA (Durata 1'40")

> *Ascoltare una volta il testo. Leggere attentamente la prova proposta. Ascoltare di nuovo il testo e indicare con una X solo le informazioni presenti nel testo.*

PROVA DI ASCOLTO

1. La nascita di un centro urbano dipende essenzialmente da fattori climatici ❏
2. Le città minerarie sono spesso nate "a tavolino" in theory ❏
3. In Italia non esistono molte città minerarie ❏
4. Carbonia è stata una città politicamente molto importante ❏
5. Nel periodo del fascismo erano state bloccate le importazioni di materie prime ❏
6. Nel nord della Sardegna è maggiormente sviluppato il turismo ❏
7. La città di Carbonia fu costruita per i lavoratori delle miniere ❏
8. Le miniere hanno da sempre una grande importanza nell'economia mondiale ❏
9. Nel 1977 le miniere furono chiuse ❏
10. Carbonia si trova in una bella posizione ❏

▶ **VERIFICA**
Riascoltare un'ultima volta il testo e correggere gli eventuali errori.

▶ **VALUTAZIONE** .... / 10

PASQUA IN CALABRIA (Durata 1'58")

Ascoltare una volta il testo. Leggere attentamente la prova proposta. Ascoltare di nuovo il testo e indicare con una X solo le informazioni presenti nel testo.

1. Viene festeggiata soprattutto nell'Aspromonte ❏
2. Le processioni culminano con una grande festa nella piazza del paese ❏
3. Il diavolo si scacciava con i rumori ❏
4. Le conocchie sono candide foglie di palma intrecciate ❏
5. Testimonianza di usanze contadine oggi dimenticate ❏
6. In chiesa vengono portati cesti di uova ❏
7. I dolci e le ciambelle oggi si comprano confezionati ❏
8. A volte l'agnello era decorato con la stoffa ❏
9. Al capofamiglia si regalava l'agnello grande ❏
10. Ai bambini si regalavano piccoli agnelli dolci ❏

▶ VERIFICA
Riascoltare un'ultima volta il testo e correggere gli eventuali errori.

▶ VALUTAZIONE .... / 10

LA NASCITA DELLA RADIO (Durata 1'57")

Ascoltare una volta il testo. Leggere attentamente la prova proposta. Ascoltare di nuovo il testo e indicare con una X la soluzione corretta tra le quattro presentate.

1 - **Guglielmo Marconi è nato:**
   a. un secolo fa
   b. nel 1895
   c. più di un secolo fa
   d. con la nascita della radio

2 - **Guglielmo Marconi:**
   a. fu il primo a fare questo genere di esperimenti
   b. mise a punto gli esperimenti di altri
   c. fece questa scoperta per caso
   d. seguì le indicazioni dei teorici del tempo

3 - **Marconi aveva collocato il trasmettitore:**
   a. sopra una collina
   b. dietro la casa di un contadino
   c. vicino a casa sua
   d. a breve distanza

4 - **Il contadino, al segnale convenuto:**
   a. rispose con tre click
   b. sparò tre colpi di pistola
   c. lanciò in aria un pallone
   d. sparò un colpo di fucile

LA NASCITA DELLA RADIO (Durata 1'57")

AVANZATO 1

5 - **Il brevetto di Marconi:**
   a. fu finanziato dallo stato italiano
   b. non trovò finanziatori
   c. fu finanziato dall'Inghilterra
   d. fu finanziato dallo stesso Marconi

6 - **Il suo primo tentativo in Inghilterra:**
   a. fu un successo
   b. lasciò tutti molto scettici
   c. fu un fallimento
   d. fu molto contestato

7 - **La prima trasmissione intercontinentale si ebbe:**
   a. nel 1895
   b. nel 1901
   c. nel 1912
   d. quando Marconi aveva 21 anni

▶ **VERIFICA**

Riascoltare un'ultima volta il testo e correggere gli eventuali errori.

▶ **VALUTAZIONE** .... / 7

PROVA DI ASCOLTO

AVANZATO 1 — 14

IL TEMPO (Durata 1'27")

Ascoltare una volta il testo. Leggere attentamente la prova proposta. Ascoltare di nuovo il testo e indicare con una X solo le informazioni presenti nel testo.

1. È la seconda domenica di gennaio ❏
2. Tempo sereno al centro ❏
3. Miglioramento previsto sul versante tirrenico ❏
4. Possibili banchi di nebbia anche in Sardegna ❏
5. Precipitazioni nelle zone sudovest ❏
6. Piogge sulle zone ioniche ❏
7. Mari poco mossi ❏
8. Verso sera miglioramento al nord e al centro ❏
9. Nuvolosità in aumento in Pianura Padana ❏
10. Possibili precipitazioni sull'Adriatico ❏

▶ VERIFICA
Riascoltare un'ultima volta il testo e correggere gli eventuali errori.

▶ VALUTAZIONE .... / 10

I VESTITI NUOVI DELL'IMPERATORE (Durata 2'32")

Ascoltare una volta il testo. Leggere attentamente la prova proposta. Ascoltare di nuovo il testo e indicare con una X la soluzione corretta tra le quattro presentate.

1 - **L'imperatore era:**
   a. sportivo
   b. vanitoso
   c. impegnato
   d. colto

2 - **Secondo i due imbroglioni gli abiti erano invisibili:**
   a. solo agli sciocchi
   b. alle persone poco raffinate e agli stupidi
   c. alle persone poco istruite
   d. a chi non era fedele al re

3 - **Ottenuti la seta e l'oro i due imbroglioni:**
   a. fecero subito dei sacchi di seta fine
   b. si misero subito al lavoro
   c. presero degli artigiani per farli lavorare
   d. fecero finta di mettersi al lavoro

4 - **Il re voleva quegli abiti:**
   a. per riconoscere il valore dei suoi collaboratori
   b. per essere invisibile
   c. per essere ancora più elegante
   d. per riconoscere i suoi nemici

I VESTITI NUOVI DELL'IMPERATORE (Durata 2'32")

5 - L'imperatore preferiva:
    a. vedere di persona la stoffa perché si sentiva sicuro
    b. che nessuno vedesse la stoffa fuorché il suo ministro
    c. mandare uno sciocco a controllare la stoffa
    d. mandare un altro a controllare la stoffa, pur sentendosi sicuro

6 - Il ministro dell'imperatore era:
    a. vecchio e sapiente
    b. intelligente e raffinato
    c. vecchio e fedele
    d. elegante e saggio

▶ VERIFICA

Riascoltare un'ultima volta il testo e correggere gli eventuali errori.

▶ VALUTAZIONE .... / 6

PERCHÉ SIANO RICCIOLI D'ORO (Durata 1'77")

16 Avanzato 1

Ascoltare una volta il testo. Leggere attentamente la prova proposta. Ascoltare di nuovo il testo e completare con le parole mancanti (usare al massimo quattro parole).

1 - oppure sciolto nel piatto per condire ....
2 - In padella per una frittura o ancora ingrediente..
.... mille dessert.
3 - il burro viene abitualmente inserito ....
4 - È stato accusato di ....
5 - Oggi, però, il burro sembra essersi preso una sua ....
....
6 - E torna in tavola con il favore di tutti, anche ....
.... dei produttori.
7 - Il burro ha tradizioni ....
8 - La cucina del Cinquecento lo ha rivalutato e lo teneva ....
....
9 - nell'Ottocento quando .... usato come medicina
10 - il burro separava i .... poveri.

▶ VERIFICA
Riascoltare un'ultima volta il testo e correggere gli eventuali errori.

▶ **VALUTAZIONE** .... / 10

AVANZATO 1 — 17

GLI SPOSI BAGNATI (Durata 2'02")

Ascoltare una volta il testo. Leggere attentamente la prova proposta. Ascoltare di nuovo il testo e indicare con una X la soluzione corretta tra le quattro presentate.

PROVA DI ASCOLTO

1 - **La mancanza di cibo era dovuta:**
   a. alla mancanza di piogge
   b. al rincaro dei prezzi *increase*
   c. alla carestia *scarcity*
   d. alla mancanza di rugiada *dew*

2 - **La ragazza dava ai poveri:**
   a. il proprio cibo
   b. il pane secco
   c. il cibo che in casa abbondava
   d. gli avanzi nelle pentole

3 - **Il giovane s'innamorò della ragazza:**
   a. per la sua grazia
   b. per la sua bontà
   c. per la sua bellezza
   d. perché amministrava bene la casa

4 - **Alla cerimonia c'erano poche persone perché:**
   a. molti avevano paura della pioggia
   b. la gente doveva lavorare nei campi
   c. molti non erano stati invitati
   d. perché gli sposi non erano amati

GLI SPOSI BAGNATI (Durata 2'02")

5 - Il cambiamento improvviso del tempo:
   a. portò fortuna alla sposa
   b. fu provvidenziale per tutti
   c. causò gravi danni alle messi harvest
   d. provocò uno scroscio di applausi

Riascoltare ancora una volta il testo e completare con le parole mancanti *(usare al massimo quattro parole).*

1 - per spiegare questa convinzione ....
2 - non era caduta ....
3 - I poveri placavano la fame con ....
4 - si stringeva .... alla vista di chi soffriva
5 - il pane che invece c'era ....
6 - che s'innamorò di lei e ....
7 - gli invitati alzarono le mani ....
8 - e maturarono lo stesso anno, anche ....

VERIFICA
Riascoltare un'ultima volta il testo e correggere gli eventuali errori.

VALUTAZIONE .... / 13

IL GIRASOLE (Durata 1'55")

Ascoltare una volta il testo. Leggere attentamente la prova proposta. Ascoltare di nuovo il testo e indicare con una X solo le informazioni presenti nel testo.

1. Il girasole è anche una pianta da giardino ☐
2. Il commercio del girasole è molto vantaggioso ☐
3. Le superfici erano molto limitate ma ben drenate ☐
4. Nell'Unione Sovietica questa coltura esiste da tempo ☐
5. Purtroppo lo scarto è elevato ☐
6. La coltura del girasole è in crescente espansione ☐
7. L'Italia ha una grande necessità di olio ☐
8. Notevole è l'esigenza d'acqua del girasole ☐
9. Negli ultimi anni ci sono finanziamenti dallo stato ☐
10. La sua è una coltura totalmente meccanizzata ☐

▲ VERIFICA
Riascoltare un'ultima volta il testo e correggere gli eventuali errori.

▲ VALUTAZIONE .... / 10

DONARIA: LE OFFERTE AGLI DEI (Durata 2'05")

Ascoltare una volta il testo. Leggere attentamente la prova proposta. Ascoltare di nuovo il testo e indicare con una X la soluzione corretta tra le quattro presentate.

1 - **La durata della mostra è:**
   a. di un mese
   b. da novembre in poi
   c. fino al 21 dicembre
   d. di oltre quattro mesi

2 - **I reperti esposti sono stati rinvenuti:**
   a. solo di recente
   b. dal 1600 ad oggi
   c. nel 1800
   d. tra il IV e il I sec. a.C.

3 - **Le testimonianze archeologiche provengono:**
   a. dall'Italia meridionale
   b. dal territorio intorno a Roma
   c. da una zona del Lazio
   d. dall'Etruria

4 - **L'iscrizione trovata ad Alatri:**
   a. riporta una preghiera
   b. è sicuramente autentica
   c. trova gli esperti discordi
   d. risale ai decenni tra la fine della Repubblica e gli inizi dell'Impero

DONARIA: LE OFFERTE AGLI DEI (Durata 2'05")

5 - È possibile visitare la mostra:
   a. tutti i giorni
   b. ogni pomeriggio
   c. domenica pomeriggio
   d. tutte le mattine

Riascoltare ancora una volta il testo e completare con le parole mancanti *(usare al massimo quattro parole)*.

1 - C'è a disposizione ancora .... per andarla a vedere.

2 - .... i reperti votivi provenienti dalle diverse aree culturali e storiche della Ciociaria.

3 - Al visitatore è offerto .... dei culti e delle pratiche devozionali.

4 - un periodo storico significativo poiché vede... politica di Roma.

5 - .... da un'ara proveniente da Alatri.

6 - dopo un lungo periodo di indipendenza, ... all'Urbe.

7 - spiega come propiziarsi ....

8 - per altri è .... compresi tra la fine della Repubblica e gli inizi dell'Impero.

▶ **VERIFICA**

Riascoltare un'ultima volta il testo e correggere gli eventuali errori.

▶ **VALUTAZIONE** .... / 13

GLI IMMIGRATI (Durata 0'55")

Ascoltare una volta il testo. Leggere attentamente la prova proposta. Ascoltare di nuovo il testo e indicare con una X la soluzione corretta tra le quattro presentate.

1 - **Il disegno di legge:**
   a. sarà presto approvato
   b. è già stato approvato
   c. non è ancora molto chiaro
   d. è ostacolato dal Consiglio dei Ministri

2 - **Il Ministro Livia Turco ha dichiarato che:**
   a. l'Italia ha bisogno degli immigrati
   b. i clandestini sono un danno per il Paese
   c. dobbiamo contrastare l'immigrazione
   d. bisogna limitare gli ingressi regolari degli immigrati

3 - **Potranno diventare cittadini come gli italiani:**
   a. tutti gli extracomunitari
   b. entro sei anni tutti gli immigrati
   c. gli extracomunitari in Italia da almeno sei anni
   d. solo gli immigrati dai paesi comunitari

4 - **Questo disegno di legge mira:**
   a. ad allargare la base degli elettori
   b. a regolarizzare la situazione del lavoro
   c. a combattere la disoccupazione
   d. a creare nuova manodopera

▶ **VERIFICA**
Riascoltare un'ultima volta il testo e correggere gli eventuali errori.

▶ **VALUTAZIONE** .... / 4

LIVELLO AVANZATO 2

I PARCHI DELLA LIGURIA (Durata 1'52")

*Ascoltare il testo una sola volta.
Durante l'ascolto, completare con le parole mancanti
(usare al massimo quattro parole).*

1 - possiede una notevole varietà di ....
2 - meno noti ma non per questo ....
3 - paesaggi rurali ....
4 - frequentate dagli amanti dell'arrampicata ....
5 - in seguito allo spopolamento ....
6 - ad opera di volontari ed ....
7 - che possono così scoprire da vicino ....
8 - dello spartiacque principale delle Alpi e ....
9 - che spaziano dal mare alle ....
10 - interessate da un programma di tutela e ....

▶ VERIFICA

Riascoltare un'ultima volta il testo e correggere gli eventuali errori.

▶ VALUTAZIONE .... / 10

AVANZATO 2

IL VALORE UMANO DEL LAVORO (Durata 2'05")

PROVA DI ASCOLTO

Ascoltare una volta il testo. Leggere attentamente la prova proposta. Ascoltare di nuovo il testo e indicare con una X solo le informazioni presenti nel testo.

1. I monaci benedettini considerano molto importante il lavoro ❏
2. Il lavoro ha valore solo qualora sia ben retribuito ❏
3. Alcuni considerano il lavoro solo un modo per mantenersi ❏
4. Il lavoro è una punizione per chi non lo ama ❏
5. In genere il lavoro è considerato fatica e sofferenza ❏
6. Anche anticamente il lavoratore era alle dipendenze di un capo ❏
7. Il lavoratore nei clan e nelle tribù non aveva nulla in suo possesso ❏
8. La retribuzione va sempre fissata a norma di legge ❏
9. La Costituzione italiana è fondata sul lavoro ❏
10. Tutti i cittadini hanno l'obbligo di lavorare ❏

▶ **VERIFICA**

Riascoltare un'ultima volta il testo e correggere gli eventuali errori.

▶ **VALUTAZIONE** .... / 10

IL VINO (Durata 1'50")

AVANZATO 2

Ascoltare una volta il testo. Leggere attentamente la prova proposta. Ascoltare di nuovo il testo e indicare con una X la soluzione corretta tra le quattro presentate.

1 - Per la conservazione del vino la temperatura ideale deve essere:
   a. bassa
   b. media
   c. perseverante
   d. stabile

2 - Nella scelta della cantina è importante:
   a. La larghezza
   b. la posizione
   c. il soffitto
   d. l'altezza

3 - Una cosa molto dannosa sono:
   a. gli odori
   b. i rumori
   c. i sugheri
   d. i lubrificanti

4 - La posizione deve essere orizzontale soprattutto per i vini:
   a. da bere subito
   b. da invecchiare
   c. frizzanti
   d. da mettere in commercio

IL VINO (Durata 1'50")

5 - I vini bianchi vanno riposti:
   a. in basso
   b. a media altezza
   c. in alto
   d. negli angoli bui

Riascoltare ancora una volta il testo e completare con le parole mancanti *(usare al massimo quattro parole)*.

1 - potrà rimediare seguendo ....
2 - umido né particolarmente ....
3 - posta sul fondo ove ....
4 - .... nello stesso locale detersivi e lubrificanti
5 - riempire gli spazi delle pareti con ....
6 - evitando un dannoso assorbimento ....
7 - le bottiglie di vini bianchi e ....
8 - di medio corpo oppure i vini .... presto

▶ **VERIFICA**

Riascoltare un'ultima volta il testo e correggere gli eventuali errori.

▶ **VALUTAZIONE** .... / 13

BAMBINI IN ISTITUTO (Durata 2'27")

AVANZATO 2

Ascoltare una volta il testo. Leggere attentamente la prova proposta. Ascoltare di nuovo il testo e indicare con una X la soluzione corretta tra le quattro presentate.

1 - **Per fronteggiare il problema dei bambini in istituto il Ministro:**
   a. pensa di chiudere gli istituti
   b. vuole potenziare gli istituti
   c. vuole trasformare gli istituti di accoglienza
   d. vuole affidare i bambini alle famiglie

2 - **Secondo il Ministro è importante:**
   a. ridurre i tempi nelle pratiche di adozione
   b. dare un bambino alle coppie senza figli
   c. privilegiare le adozioni di bambini stranieri
   d. cambiare la legge 184

3 - **Il Ministro:**
   a. sostiene che è importante innalzare a 50 anni la differenza d'età fra genitore e figlio adottivo
   b. trova necessario favorire le adozioni di adolescenti
   c. afferma che è più urgente far adottare bimbi molto piccoli
   d. nota che gli adolescenti hanno una maggior sensibilità

4 - **Il Ministro:**
   a. propone un'espansione della città
   b. sostiene la formula del lavoro part-time
   c. propone una sollecitazione dei consigli comunali
   d. vuole ridurre gli spazi verdi

▶ VERIFICA
Riascoltare un'ultima volta il testo e correggere gli eventuali errori.

▶ VALUTAZIONE .... / 4

PROVA DI ASCOLTO

VIA LIBERA ALLE EMOZIONI (Durata 2'25")

Ascoltare una volta il testo. Leggere attentamente la prova proposta. Ascoltare di nuovo il testo e indicare con una X solo le informazioni presenti nel testo.

1. Tutte le persone si lasciano facilmente andare alle emozioni ❏
2. Ai bambini si insegna a controllare le emozioni ❏
3. Le emozioni possono essere causa di malattie ❏
4. Possiamo trasmettere sensazioni con il nostro corpo ❏
5. La psicoterapeuta Serenella Solomoni sostiene che bisogna stimolare il gusto ❏
6. In alcuni seminari si insegna come dare sfogo alle emozioni ❏
7. Le piccole emozioni danno spessore alla vita ❏
8. Gli artisti si emozionano più facilmente ❏

VIA LIBERA ALLE EMOZIONI (Durata 2'25")

AVANZATO 2

Riascoltare ancora una volta il testo e completare con le parole mancanti *(usare al massimo quattro parole).*

1 - è lì che inizia il mondo ....
2 - in genere si pensa che le emozioni ....
3 - si impara a reprimere la parte più genuina di se stessi, quella che invece ha ....
4 - Imparare ad esprimersi è fondamentale anche per stare ....
....
5 - non sono abituati a riconoscere ....
6 - Per questo non lo ammettono neanche ....
7 - è possibile leggervi anche quello che il soggetto ....
8 - Le emozioni sono come le piante, ...
9 - Piccole emozioni che danno ....
10 - gli occhi e il tono della voce riescono a ....

▲ VERIFICA
Riascoltare un'ultima volta il testo e correggere gli eventuali errori.

▲ VALUTAZIONE .... / 18

PROVA DI ASCOLTO

RISPARMIARE TEMPO LEGGENDO IN FRETTA (Durata 2')

Ascoltare una volta il testo. Leggere attentamente la prova proposta. Ascoltare di nuovo il testo e indicare con una X la soluzione corretta tra le quattro presentate.

1 - **La lettura veloce:**
   a. permette di leggere più di 800 parole al minuto
   b. insegna a leggere sillabando
   c. focalizza le informazioni periferiche
   d. è una tecnica difficile da apprendere

2 - **Per esercitarsi nella lettura veloce:**
   a. bisogna strabuzzare gli occhi
   b. bisogna allenarsi su testi stampati sull'intera pagina
   c. è necessario procedere gradualmente
   d. bisogna leggere per più tempo

3 - **La tecnica di scorrimento veloce:**
   a. permette di assimilare bene articoli o tomi
   b. rovina il piacere della lettura
   c. può compromettere l'interpretazione di testi complessi
   d. è vantaggiosa dal punto di vista economico

4 - **Lo scrittore Giuseppe Pontiggia:**
   a. ha ideato la tecnica della lettura veloce
   b. afferma che la lettura veloce non consente emozioni
   c. sostiene che la lettura veloce è utile in treno
   d. è contrario alla lettura veloce

RISPARMIARE TEMPO LEGGENDO IN FRETTA (Durata 2')

6 Avanzato 2

Riascoltare ancora una volta il testo e completare con le parole mancanti *(usare al massimo quattro parole).*

1 - basta ricorrere a un piccolo ....
2 - bisogna focalizzare un punto centrale .... un gruppo di parole
3 - Chi la padroneggia sostiene che questa tecnica non sia ....
4 - è bene allenarsi .... su colonne molto strette
5 - fino ad arrivare ....
6 - chi legge intuisce ma ....
7 - la tecnica va benissimo .... rapidamente relazioni
8 - attenzione dunque a non .... la mano
9 - rovinandosi il piacere di ....
10 - una scorciatoia che .... emozioni

▶ VERIFICA
Riascoltare un'ultima volta il testo e correggere gli eventuali errori.

▶ **VALUTAZIONE** .... / 14

PROVA DI ASCOLTO

AVANZATO 2 — 7

I CAVALLI DI SAN MARCO (Durata 2')

Ascoltare il testo una sola volta.
Durante l'ascolto, completare con le parole mancanti
(usare al massimo quattro parole).

PROVA DI ASCOLTO

1 - è la loro origine e ....
2 - il cui ruolo è probabilmente ....
3 - prende sempre importanza ....
4 - a volte il carro vincitore, generalmente una fusione in bronzo, era ....
....
5 - le quadrighe non sono arrivate ....
6 - con i loro corpi corti e ....
7 - sia nelle monete che nelle grandi opere ....
8 - delle statue equestri che risalgono all' ....
9 - il cavallo di Trastevere è ....
10 - e la testa dai tratti fini ed eleganti ci riporta ....
....

▶ VERIFICA
Riascoltare un'ultima volta il testo e correggere gli eventuali errori.

▶ **VALUTAZIONE** .... / 10

LE TECNICHE DI PIERO (Durata 1'57")

AVANZATO 2

Ascoltare una volta il testo. Leggere attentamente la prova proposta. Ascoltare di nuovo il testo e indicare con una X la soluzione corretta tra le quattro presentate.

1 - Piero della Francesca realizzò il ciclo di affreschi dedicato alla Leggenda della Vera Croce:
   a. con il carboncino
   b. con l'aiuto di sinopie
   c. con l'uso di cartoni preparatori
   d. senza l'apporto di cartoni preparatori

2 - Piero appoggiò delle tele bagnate alle pareti:
   a. per mantenere fresco il colore
   b. per una migliore coesione del colore con la parete
   c. per mantenere umido l'intonaco
   d. per accelerare il processo di asciugatura

3 - Il restauro in corso:
   a. è stato effettuato su tutti gli affreschi
   b. è durato 30 anni
   c. ha sollevato il colore
   d. ha liberato dalle vernici solo una parte degli affreschi

4 - La battaglia di Eraclio contro Cosroe:
   a. è stata attribuita al Caravaggio
   b. ha probabilmente influenzato Caravaggio
   c. è stata dipinta dal Caravaggio
   d. ha tolto il respiro al Caravaggio

▶ **VERIFICA**
Riascoltare un'ultima volta il testo e correggere gli eventuali errori.

▶ **VALUTAZIONE** .... / 4

PROVA DI ASCOLTO

AVANZATO 2 — 9

CUCINA E PIATTI TIPICI (Durata 2'53")

Ascoltare il testo una sola volta.
Durante l'ascolto, completare con le parole mancanti
(usare al massimo quattro parole).

1 - la cucina di Frosinone e provincia si distingue per una affettuosa, rigorosa cultura..

2 - È una cucina antica che rifugge dal ....

3 - Molti ricercati sapori del mangiare frusinate vengono tratti da ....
....

4 - E, dunque, sia vita alla .... dei campi

5 - un'alimentazione che mantiene integro ....
con le sue radici.

6 - Ricette semplici, abbiamo detto, facili ....

7 - meraviglioso impasto di farina ....

8 - il pollo alla ciociara, cotto in tegame ....

9 - E i dolci, che dire ....?

10 - per finire ....

▶ VERIFICA
Riascoltare un'ultima volta il testo e correggere gli eventuali errori.

▶ **VALUTAZIONE** .... / 10

I TESORI DELLA CALABRIA (Durata 1'40")

10 Avanzato 2

*Ascoltare il testo una sola volta.
Durante l'ascolto, completare con le parole mancanti
(usare al massimo quattro parole).*

1 - Tra l'VIII e il .... a.C.
2 - vennero solcate da un crescente ....
3 - si insediarono stabilmente sulle coste ....
4 - lo scopo di queste spedizioni era di ....
5 - la mostra di Venezia rimarrà aperta ....
6 - quando i greci .... con le popolazioni
7 - il contributo determinante per la formazione della ....
....
8 - il fenomeno migratorio che .... alle città
9 - l'ondata coloniale può considerarsi ....
10 - i capolavori provenienti dai più importanti ....

▶ VERIFICA
Riascoltare un'ultima volta il testo e correggere gli eventuali errori.

▶ **VALUTAZIONE** .... / 10

PROVA DI ASCOLTO

IL MERCATO CLANDESTINO (Durata 2'25')

Ascoltare una volta il testo. Leggere attentamente la prova proposta. Ascoltare di nuovo il testo e indicare con una X la soluzione corretta tra le quattro presentate.

1 - Negli ultimi anni le denunce di furto di opere d'arte in Italia:
   a. sono molto aumentate
   b. sono rimaste a livelli normali
   c. sono aumentate del 10%
   d. sono diminuite

2 - Molto spesso le chiese italiane:
   a. vengono vigilate dai fedeli
   b. hanno misure di sicurezza inadeguate
   c. vengono tutelate dal Vaticano
   d. sono strettamente controllate dal parroco

3 - Gli oggetti rubati provengono in gran parte:
   a. dalle zone archeologiche
   b. dalle chiese
   c. da case di privati
   d. dalle pinacoteche

4 - In gran parte gli acquirenti vogliono:
   a. soddisfare il loro amore per la cultura
   b. arredare le loro case
   c. fare investimenti
   d. elevare il loro status sociale

IL MERCATO CLANDESTINO (Durata 2'25")

11 Avanzato 2

5 - Rispetto alle opere trafugate all'estero, quelle importate in Italia sono:
   a. circa la metà
   b. di pari numero
   c. di numero molto inferiore
   d. di più

6 - Per i carabinieri ritrovare le icone russe è:
   a. sempre difficile
   b. abbastanza facile
   c. a volte complicato
   d. molto semplice

▶ VERIFICA
Riascoltare un'ultima volta il testo e correggere gli eventuali errori.

▶ VALUTAZIONE .... / 6

CIS - VIAGGIARE INFORMATI (Durata 2'03')

Ascoltare una volta il testo. Leggere attentamente la prova proposta. Ascoltare di nuovo il testo e indicare con una X la soluzione corretta tra le quattro presentate.

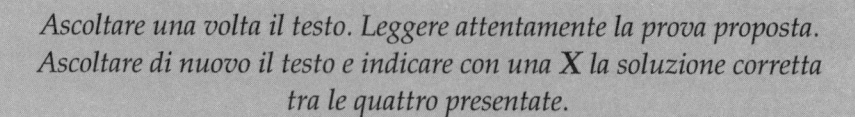

1 - **In queste ore del mattino sulla Bologna-Firenze:**
   a. è avvenuto un incidente a Bologna
   b. il traffico è bloccato sull'Autostrada del Sole
   c. numerosi carri vanno verso Bologna
   d. il traffico scorre regolarmente

2 - **Con visibilità inferiore ai 100 metri:**
   a. è consentita un'alta velocità
   b. bisogna rispettare un limite di velocità
   c. bisogna tenere una velocità di 50 km. orari
   d. si può correre tranquillamente

3 - **Sulla A24 Roma-Teramo:**
   a. si potrà uscire solo a Tivoli
   b. il casello di Tivoli sarà chiuso alle 9,30
   c. il traffico sarà interrotto
   d. ci saranno problemi all'uscita di Tivoli

4 - **Sulla A1 Roma-Napoli:**
   a. non è possibile il sorpasso
   b. si viaggia solo in direzione sud
   c. allo svincolo di Ceprano è avvenuto un incidente
   d. di notte sono previsti rallentamenti

▶ **VERIFICA**
Riascoltare un'ultima volta il testo e correggere gli eventuali errori.

▶ **VALUTAZIONE** .... / 4

DUE CUORI E UNA CAPANNA (Durata 1'48")

> *Ascoltare il testo una sola volta.*
> *Durante l'ascolto, completare con le parole mancanti*
> *(usare al massimo quattro parole).*

1 - Si mette in comune l'anima ma ....
2 - hanno un reddito che ognuno vuole gestire ....
3 - Dal punto di vista del bilancio familiare una formula ....
....
4 - In caso di comunione dei beni il problema nella sostanza ....
....
5 - se i soldi di casa vengono dal conto di lui o da ....
....
6 - proporzionare i prelievi alla capacità ....
7 - e spenda secondo ....
8 - Un budget preventivo ....
9 - dividere la somma in proporzione ai redditi ....
10 - Insomma, anche ....

▲ VERIFICA
Riascoltare un'ultima volta il testo e correggere gli eventuali errori.

▲ VALUTAZIONE .... / 10

AVANZATO 2 — 14

UN REGALO TUTTO DI MATTONI (Durata 1'10')

> *Ascoltare una volta il testo. Leggere attentamente la prova proposta. Ascoltare di nuovo il testo e indicare con una X solo le informazioni presenti nel testo.*

1. Il modo più comune per dare una casa ai figli è comprarla a loro nome ❑

2. Il figlio dopo i 18 anni può disporre della casa come vuole ❑

3. Se si vuole conservare la casa di famiglia conviene affidarla al restauratore ❑

4. Se non si può comprare un'altra casa per i figli si può lasciar loro quella in cui si abita ❑

5. Se hanno la proprietà della casa in cui abitano i genitori, i figli in genere comprano un'altra casa ❑

6. È sempre utile fare un'assicurazione sulla casa ❑

7. Chi ha la nuda proprietà è esente da tasse ❑

8. Il fisco punisce chi non denuncia una proprietà ❑

UN REGALO TUTTO DI MATTONI (Durata 1'10')

Riascoltare ancora una volta il testo e completare con le parole mancanti *(usare al massimo quattro parole)*.

1 - che ogni genitore vorrebbe assicurare ....
2 - consiste .... direttamente un'abitazione al figlio.
3 - potrà disporne..
4 - anche rivenderla, magari per .... un'altra
5 - che non si vorrebbe .... vedere alienato?
6 - conviene intestare alla prole solo ....
7 - non potrà cederlo nemmeno una volta raggiunta ....
8 - Se l'acquisto di una nuova casa .... troppo oneroso
9 - correre il rischio .... da figli ingrati.
10 - non esige nulla da chi possiede il bene ....

▶ VERIFICA

Riascoltare un'ultima volta il testo e correggere gli eventuali errori.

▶ **VALUTAZIONE** .... / 18

PIANA DEGLI ALBANESI (Durata 2'20')

Ascoltare una volta il testo. Leggere attentamente la prova proposta. Ascoltare di nuovo il testo e indicare con una X la soluzione corretta tra le quattro presentate.

1 - Nel XV secolo gli Albanesi:
   a. misero in fuga i Turchi
   b. si stabilirono in Italia
   c. fuggirono dall'Italia meridionale
   d. erano un centinaio

2 - Piana degli Albanesi:
   a. aveva molti contatti con l'estero
   b. era un vescovado orientale
   c. era chiamata anche Piana dei Greci
   d. era abitata da Greci

3 - Le comunità albanesi:
   a. accentuarono il loro legame con l'Albania durante il fascismo
   b. furono sempre tutelate dal governo italiano
   c. hanno in parte abbandonato la tradizione e la cultura originarie
   d. hanno istituito cattedre e istituti universitari

4 - A Pasqua:
   a. le cerimonie si svolgono in dodici giorni
   b. le ragazze indossano modelli di lusso
   c. viene portato in processione un quadro con il volto di Cristo
   d. ai fedeli viene data la luce

PIANA DEGLI ALBANESI (Durata 2'20")

5 - Il rosso:
    a. è un colore malefico evil
    b. serve per colorare le uova
    c. è il colore caratteristico della Pasqua orientale
    d. non ha particolare importanza nella tradizione

Riascoltare ancora una volta il testo e completare con le parole mancanti *(usare al massimo quattro parole)*.

1 - Fuggendo dinanzi ....
2 - dove inizialmente ebbero ....
3 - cittadella che era rimasta chiusa ai ....
4 - mantennero quindi a lungo .... e della tradizione originarie
5 - che si accentuò in seguito a causa ....
6 - nell'abbandono, da parte di .... albanesi
7 - Le ragazze sfoggiano ....
8 - il sacro Velo, che .... il volto di Cristo

▸ VERIFICA
Riascoltare un'ultima volta il testo e correggere gli eventuali errori.

▸ **VALUTAZIONE** .... / 13

AVANZATO 2 — 16

UNA CURA LEGGERA COME L'ARIA (Durata 1'20")

Ascoltare una volta il testo. Leggere attentamente la prova proposta. Ascoltare di nuovo il testo e indicare con una X solo le informazioni presenti nel testo.

PROVA DI ASCOLTO

1. Alcuni scienziati hanno fatto esperimenti speciali sulla respirazione umana ❑
2. Senza ossigeno possiamo sopravvivere solo per pochi minuti ❑
3. L'ossigenoterapia è stata inventata da uno scienziato di origine italiana ❑
4. La scarsità di movimento riduce la capacità di assorbire ossigeno ❑
5. Bisogna usare delle tecniche particolari per facilitare la circolazione sanguigna ❑
6. La riduzione di ossigeno dà un senso di debolezza ❑
7. Prima dell'ossigenoterapia è utile una sauna ❑
8. È necessario che vengano creati centri di ossigenoterapia anche in località marine ❑
9. In Italia esiste un unico centro di ossigenoterapia ❑
10. Esiste un tipo di acqua che contiene una maggiore percentuale di ossigeno ❑

▶ **VERIFICA**
Riascoltare un'ultima volta il testo e correggere gli eventuali errori.

▶ **VALUTAZIONE** .... / 10

ARCHEOLOGIA VIRTUALE (Durata 1'17")

17 – AVANZATO 2

Ascoltare una volta il testo. Leggere attentamente la prova proposta. Ascoltare di nuovo il testo e indicare con una X solo le informazioni presenti nel testo.

1. Una tecnica che ci affascina da secoli ❏
2. I monumenti sono mostrati nel loro massimo splendore ❏
3. Anche i colori sono splendidi ❏
4. Come pure scene della vita del presente ❏
5. Sembra quasi di trovarcisi dentro ❏
6. Ma non è realtà virtuale nel vero senso della parola ❏
7. Le attrezzature richieste sono molto sofisticate ❏
8. Le immagini sono state ricostruite al computer ❏
9. In Italia è nota da pochi anni ❏
10. L'Ausonia organizza inoltre crociere virtuali ❏

▶ VERIFICA
Riascoltare un'ultima volta il testo e correggere gli eventuali errori.

▶ VALUTAZIONE .... / 10

PROVA DI ASCOLTO

ELETTROSHOCK (Durata 1'30")

Ascoltare una volta il testo. Leggere attentamente la prova proposta. Ascoltare di nuovo il testo e indicare con una X la soluzione corretta tra le quattro presentate.

1 - **L'uso dell'elettroshock:**
   a. è stato recentemente legittimato dal Ministero della Sanità
   b. è oggetto di molte polemiche
   c. è un passo avanti nel campo della psichiatria
   d. è stato approvato dal Consiglio Superiore di Sanità

2 - **Riguardo all'elettroshock, la circolare del ministro Bindi:**
   a. ne riafferma l'efficacia
   b. ne evidenzia i pericoli
   c. ne sottolinea gli effetti collaterali
   d. ne sostiene l'inefficacia

3 - **L'elettroshock:**
   a. è stato inventato in Italia
   b. viene usato in Italia fin dal 1950
   c. è stato usato negli anni '70
   d. ha suscitato polemiche negli anni '50

4 - **Secondo lo psichiatra intervistato l'elettroshock:**
   a. in Italia è sempre stato usato scientificamente
   b. non deve più costituire oggetto di polemiche
   c. all'estero è stato usato in modo indiscriminato
   d. è un metodo il cui uso va controllato severamente dal Ministero della Sanità

▶ **VERIFICA**
Riascoltare un'ultima volta il testo e correggere gli eventuali errori.

▶ **VALUTAZIONE** .... / 4

LE VIE DI MEZZO (Durata 2'49")

Ascoltare una volta il testo. Leggere attentamente la prova proposta. Ascoltare di nuovo il testo e indicare con una X la soluzione corretta tra le quattro presentate.

1 - **Le strade private:**
   a. sono spesso causa di discordie
   b. hanno sempre un unico proprietario
   c. sono rare in campagna
   d. servono per la coltivazione dei campi

2 - **Collegare una proprietà al pubblico passaggio costituisce un problema:**
   a. in tutti i casi
   b. se la proprietà confina con una strada comunale
   c. se si deve passare su un terreno altrui
   d. se la proprietà confina con una strada statale

3 - **La servitù di transito:**
   a. collega una proprietà con la strada provinciale
   b. è il diritto di alcuni proprietari a passare sul terreno dei vicini
   c. è il diritto di esigere la costruzione di una strada sui terreni altrui
   d. è un'indennità da pagare a tutti i proprietari

4 - **Possedere in comunione una strada privata:**
   a. significa che la strada appartiene ad ogni proprietario
   b. vuol dire che ogni proprietario ha una parte di proprietà
   c. vuol dire mettersi d'accordo sull'uso della strada
   d. rende impossibile la divisione delle spese

AVANZATO 2 — 19

LE VIE DI MEZZO (Durata 2'49")

Riascoltare ancora una volta il testo e completare con le parole mancanti *(usare al massimo quattro parole)*.

1 - in genere sono state tracciate in ....
2 - una lunga tradizione di passaggi per la ....
   ....
3 - Questo non .... se la proprietà
   confina con una strada comunale
4 - cedendo ciascuno una striscia del proprio su cui si fa passare la ....
   ....
5 - Ma può accadere che i proprietari non si ....
   ....
6 - costringere gli altri proprietari ....
   una strada attraverso i loro terreni
7 - gli altri proprietari ....
   alla servitù di passaggio
8 - Comunione significa che ciascuno dei proprietari la ....
   ....
9 - ciascuno dei proprietari ....
10 - in proporzione alle aliquote possedute ....
   le spese

▶ VERIFICA
Riascoltare un'ultima volta il testo e correggere gli eventuali errori.

▶ **VALUTAZIONE** .... / 14

PROVA DI ASCOLTO

PUBBLICITÀ (Durata 1'25")

Ascoltare una volta il testo. Leggere attentamente la prova proposta. Ascoltare di nuovo il testo e indicare con una X solo le informazioni presenti nel testo.

1. Wismixer è un elettrodomestico ❏
2. Si può trasportare senza problemi ❏
3. È piuttosto caro ❏
4. È facile da usare ❏
5. Non si può utilizzare come bicchiere ❏
6. Serve anche per i dolci ❏
7. Va tenuto lontano dai bambini ❏
8. È utile per le neomamme ❏
9. Bisogna fare molta attenzione a lavarlo ❏
10. Si può restituire entro ventotto giorni ❏

VERIFICA

Riascoltare un'ultima volta il testo e correggere gli eventuali errori.

VALUTAZIONE .... / 10

INDICE

avanzato 1

1. GLI ZINGARI .... p. 11
2. IL CLIMA ITALIANO .... p. 12
3. I COGNOMI ITALIANI .... p. 13
4. I TARTUFI .... p. 14
5. GLI ITALIANI A TAVOLA .... p. 16
6. L'INTERROGATORIO .... p. 17
7. LE ARMATURE .... p. 19
8. ELSA MORANTE .... p. 20
9. L'AUTOMOBILE .... p. 21
10. IL PASTORE BELGA .... p. 23
11. CARBONIA .... p. 24
12. PASQUA IN CALABRIA .... p. 25
13. LA NASCITA DELLA RADIO .... p. 26
14. IL TEMPO .... p. 28
15. I VESTITI NUOVI DELL'IMPERATORE .... p. 29
16. PERCHÉ SIANO RICCIOLI D'ORO .... p. 31
17. GLI SPOSI BAGNATI .... p. 32
18. IL GIRASOLE .... p. 34
19. DONARIA: LE OFFERTE AGLI DEI .... p. 35
20. GLI IMMIGRATI .... p. 37

avanzato 2

1. I PARCHI DELLA LIGURIA .... p. 41
2. IL VALORE UMANO DEL LAVORO .... p. 42
3. IL VINO .... p. 43
4. BAMBINI IN ISTITUTO .... p. 45
5. VIA LIBERA ALLE EMOZIONI .... p. 46
6. RISPARMIARE TEMPO LEGGENDO IN FRETTA ... p. 48
7. I CAVALLI DI SAN MARCO .... p. 50
8. LE TECNICHE DI PIERO .... p. 51
9. CUCINA E PIATTI TIPICI .... p. 52
10. I TESORI DELLA CALABRIA .... p. 53
11. IL MERCATO CLANDESTINO .... p. 54
12. CIS - VIAGGIARE INFORMATI .... p. 56
13. DUE CUORI E UNA CAPANNA .... p. 57
14. UN REGALO TUTTO DI MATTONI .... p. 58
15. PIANA DEGLI ALBANESI .... p. 60
16. UNA CURA LEGGERA COME L'ARIA .... p. 62
17. ARCHEOLOGIA VIRTUALE .... p. 63
18. ELETTROSHOCK .... p. 64
19. LE VIE DI MEZZO .... p. 65
20. PUBBLICITÀ .... p. 67

finito di stampare nel mese
di Settembre 1997

I diritti di traduzione, di memorizzazione elettronica, di riproduzione
e di adattamento totale o parziale, con qualsiasi mezzo (compresi i microfilm
e le copie fotostatiche), sono riservati per tutti i paesi.